Impressum
Verlag: BABADADA GmbH, Nedderfeld 112 , 22529 Hamburg
Geschäftsführer / Verlagsleitung: Harald Hof
Druck: Books on Demand GmbH, In de Tarpen 42, 22848 Norderstedt

Imprint
Publisher: BABADADA GmbH, Nedderfeld 112 , 22529 Hamburg, Germany
Managing Director / Publishing direction: Harald Hof
Print: Books on Demand GmbH, In de Tarpen 42, 22848 Norderstedt, Germany

სკოლა

ትምህርት ቤት

საკლასო ოთახი
መማሪያ ክፍል
ማካፈል
186/2
ሰሌዳ
სკოლის ეზო
የትምህርት ቤት ቅጥር ግቢ
მასწავლებელი
መምህር
ქაღალდი
ወረቀት
წერა
መፃፍ
კალამი
እስክሪብቶ
მაგიდა
መፃፊያ ጠረጴዛ
სახაზავი
ማስመሪያ
წიგნი
መጽሐፍ
მოსწავლე
ተማሪ

ზურგჩანთა

የጀርባ ቦርሳ

პენალი

የእርሳስ መያዣ

ფანქარი

እርሳስ

ფანქრების სათლელი

የእርሳስ መቅረጫ

საშლელი

ላጲስ

ნახატების ალბომი

የስዕል ደብተር

ნახატი

ስዕል

ფუნჯი

የቀለም ብሩሽ

საღებავის ყუთი

የቀለም ሳጥን

მაკრატელი

መቀስ

წებო

ማጣበቂያ

სავარჯიშო რვეული

መልመጃ ደብተር

საშინაო დავალება

የቤት ስራ

12

ნომერი

ቁጥር

2+2

დამატება

መደመር

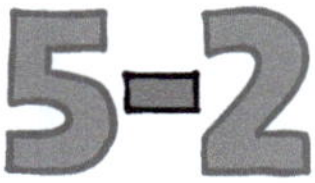

5-2

გამოკლება

መቀነስ

2×2

გამრავლება

ማባዛት

გამოთვლა

ቁጥሮችን ማስላት

A

წერილი

ደብዳቤ

ABCDEFG
HIJKLMN
OPQRSTU
VWXYZ

ანბანი

ፊደላት

hello

სიტყვა

ቃል

ტექსტი

ፅሑፍ

წაკითხვა

ማንበብ

ცარცი

ጠመኔ

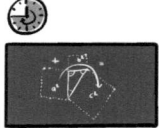

გაკვეთილი

ትምህርት

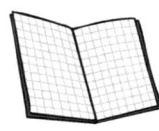

რეგისტრაცია

ምዝገባ

გამოცდა

ፈተና

სერტიფიკატი

ሰርተፊኬት

სკოლის ფორმა

የትምህርት ቤት የደንብ ልብስ

განათლება

ትምህርት

ენციკლოპედია

አዉደ ጥበብ

უნივერსიტეტი

ዩኒቨርስቲ

მიკროსკოპი

የምርምር አጉሊ መሳርያ

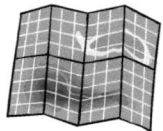

რუქა

ካርታ

კალათა ნარჩენი ქაღალდებისათვის

የቆሻሻ ወረቀት መጣያ ቅርጫት

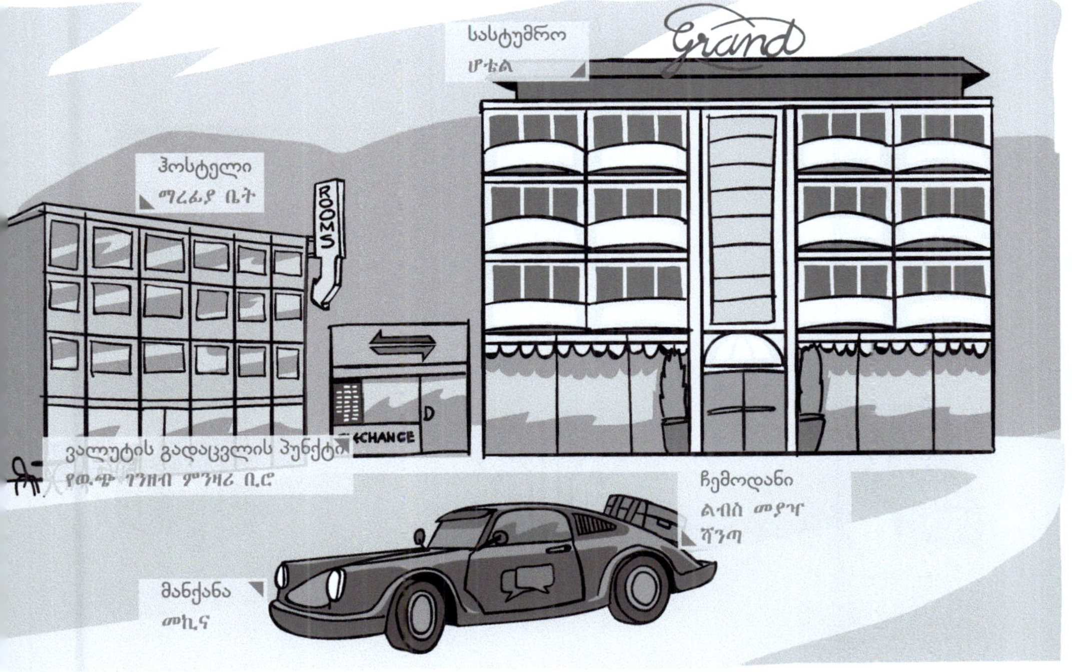

სასტუმრო
ሆቴል
Grand
ჰოსტელი
ማረፊያ ቤት
ROOMS
CHANGE
ვალუტის გადაცვლის პუნქტი
የዉጭ ገንዘብ ምንዛሪ ቢሮ
ჩემოდანი
ልብስ መያዣ
ሻንጣ
მანქანა
መኪና

ენა

ቋንቋ

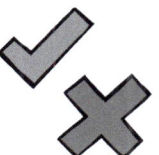

კი / არა

አዎ/ አይደለም

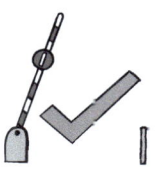

კარგი

እሺ

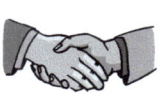

გამარჯობა

ሰላም

მთარგმნელი

አስተርጓሚ

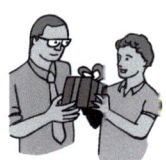

გმადლობთ

አመሰግናለሁ

რა ღირს... ?

ስንት ነዉ.......?

ვერ გავიგე

አልገባኝም

პრობლემა

እክል

აღამო მშვიდობისა!

እንደምን አመሹ!

დილა მშვიდობისა!

እንደምን አደሩ!

ღამე მშვიდობისა!

መልካም ምሽት!

ნახვამდის

ደህና ይሰንብቱ

მიმართულება

አቅጣጫ

ბარგი

ሻንጣ

ჩანთა

ቦርሳ

ზურგჩანთა

የጀርባ ቦርሳ

სტუმარი

እንግዳ

ოთახი

ክፍል

საძილე ტომარა

የመተኛ ቦርሳ

კარავი

ድንኳን

ტურისტული ინფორმაცია

የጎብኚዎች መረጃ

სანაპირო

የባህር ዳርቻ

საკრედიტო ბარათი

ክሬዲት ካርድ

საუზმე

ቁርስ

ლანჩი

ምሳ

ვახშამი

እራት

ბილეთი

ቲኬት

ლიფტი

አሳንሰር

საფოსტო მარკა

ማህተም

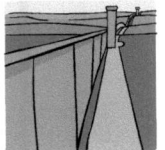

საზღვარი

ድንበር

საბაჟო

ባህሎች

საელჩო

ኤምባሲ

ვიზა

ቪዛ/የይለፍ ወረቀት

პასპორტი

ፓስፖርት

ტრანსპორტი

መጓጓዣ

თვითმფრინავი
አዉሮፕላን
გემი
መርከብ
სახანძრო მანქანა
የእሳት አደጋ መኪና
სატვირთო მანქანა
የጭነት መኪና
ავტობუსი
მოტორიზებული ნავი
የሞተር ጀልባ
მანქანა
መኪና
ველოსიპედი
ብስክሌት

ბორანი

የማመላለሻ ጀልባ

ნავი

ጀልባ

მოტოციკლი

የሞተር ብስክሌት

პოლიციის მანქანა

የፖሊስ መኪና

სარბოლო მანქანა

የዉድድር መኪና

დაქირავებული მანქანა

የኪራይ መኪና

მანქანის ერთობლივი მოხმარება

የመኪና መጋራት

საბუქსირე მანქანა

ጎታች መኪና

ნაგვის მანქანა

የቆሻሻ ጭነት መኪና

ძრავა

ሞተር

საწვავი

ነዳጅ

ბენზინგასამართი სადგური

የቤንዚን ማደያ

საგზაო ნიშანი

የመንገድ ምልክት

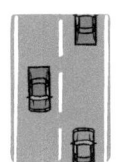

მოძრაობა

የመኪኖች እንቅስቃሴ

საცობი

የመኪና መጨናነቅ

მანქანის სადგომი

የመኪና ማቆሚያ

მატარებლის სადგური

የባቡር ጣቢያ

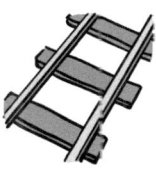

ლიანდაგები

የባቡር ሀዲዶች

მატარებელი

ባቡር

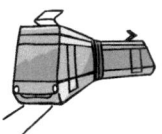

ტრამვაი

የኤሌክትሪክ ባቡር

ვაგონი

ሰረገላ

ვერტმფრენი

ሄሊኮፕተር

აეროპორტი

አየር ማረፊያ

კოშკი

ማማ

მგზავრი

መንገደኛ

კონტეინერი

ማስቀመጫ፤ ማጠራቀሚያ

მუყაოს ყუთი

ካርቶን እቃ ማሸጊያ

ურიკა

ጋሪ፤ ተሳቢ

კალათა

ቅርጫት

აფრენა / დაშვება

መነሳት/ ማረፍ

ქალაქი
ከተማ

სოფელი

መንደር

ქალაქის ცენტრი

የከተማ ማዕከል

სახლი

ቤት

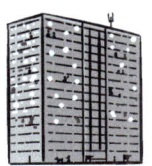

კინოთეატრი
CINEMA
რეკლამა
ማስታወቂያ
ქუჩის ლამპიონი
የመንገድ ዳር መብራት
ქუჩა
መንገድ
ტაქსი
ታክሲ
የቁርስ መቆያ ሱቅ
ქვეითი
እግረኛ
ტროტუარი
ድንጋይ የተነጠፈበት የእግረኛ መንገድ
ქვეითების გადასასვლელი
የእግረኛ መሻገሪያ
ნაგვის ურნა
የቆሻሻ ማጠራቀሚያ
ჯვარედინი
ማቋረጫ
შუქნიშანი
የትራፊክ መብራቶች

ქოხი

ጎጆ

ბინა

አፓርታማ

მატარებლის სადგური

የባቡር ጣቢያ

მუნიციპალიტეტი

የከተማ አዳራሽ

მუზეუმი

ቤተ መዘክር

სკოლა

ትምህርት ቤት

უნივერსიტეტი

ዩኒቨርስቲ

ბანკი

ባንክ

საავადმყოფო

ሆስፒታል

სასტუმრო

ሆቴል

აფთიაქი

መድሐኒት ቤት

ოფისი

ቢሮ

წიგნების მაღაზია

መፅሐፍ መሸጫ

მაღაზია

ሱቅ

ფლორისტი

የአበባ መሸጫ

სუპერმარკეტი

የሸቀጣ ሸቀጥ መደብር

ბაზარი

ገበያ ስፍራ

მაღაზიის განყოფილება

መደብር

თევზის გამყიდველი

የዓሳ ነጋዴ

სავაჭრო ცენტრი

የገበያ ማዕከል

ნავსადგომი

ወደብ

პარკი

መናፈሻ ቦታ

გრძელი სკამი

አግዳሚ ወንበር

ხიდი

ድልድይ

კიბეები

ደረጃዎች

მიწისქვეშა გადასასვლელი

ዉስጥ ለዉስጥ

გვირაბი

ዋሻ

ავტობუსის გაჩერება

የአዉቶቡስ ፌርማታ

ბარი

ባር

რესტორანი

ምግብ ቤት

საფოსტო ყუთი

የፖስታ ሳጥን

ქუჩის ნიშანი

የመንገድ ምልክት

პარკინგის საზომი

የመኪና ማቆሚያ ሒሳብ የሚያሰላ ማሽን

ზოოპარკი

የደር እንስሳት ማቆያ

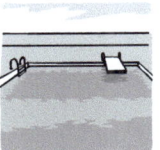

საცურაო აუზი

የመዋኛ ገንዳ

მეჩეთი

መስጊድ

ფერმა

እርሻ

გარემოს დაბინძურება

የሚበክል ነገር

სასაფლაო

መቃብር ስፍራ

ეკლესია

ቤተ ክርስቲያን

საბავშვო მოედანი

መጫወቻ ሜዳ

ტაძარი

ቤተ መቅደስ

ლანდშაფტი

መልክዓምድር

ფოთოლი
გზის მანიშნებელი ნიშანი
የመንገድ ላይ ምልክት
გზა
መንገድ
მდელო
አረንጓዴ መስክ
ქვა
ድንጋይ
მოგზაური
በእግሩ የሚጓዝ
ხე
ዛፍ
მდინარე
ወንዝ
ბალახი
ሳር
ყვავილი
አበባ

ხეობა

ሸለቆ

გორაკი

ኮረብታ

ტბა

ሀይቅ

ტყე

ጫካ

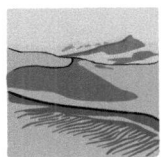

უდაბნო

በረሃ

ვულკანი

እሳተ ገሞራ

ციხე

ግምብ

ცისარტყელა

ቀስተ ዳመና

სოკო

እንጉዳይ

პალმა

የቴምብር ዛፍ/ ዘንባባ

კოღო

ቢንቢ/ የወባ ትንኝ

ბუზი

በራሪ

ჭიანჭველა

ጉንዳን

ფუტკარი

ንብ

ობობა

ሸረሪት

ხოჭო

ጢንዚዛ

ბაყაყი

እንቁራሪት

ციყვი

ሽኮኮ

ზღარბი

ጃርት

კურდღელი

ጥንቸል

ბუ

ጉጉት ወፍ

ფრინველი

ወፍ

გედი

የዉሃ ዳክዬ

ტახი

ከርከሮ

ირემი

አጋዘን

ცხენ-ირემი

አጋዘን

კაშხალი

ግድብ

ქარის ტურბინა

በነፋስ የሚሽከረከር

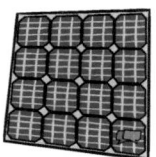

მზის ბატარეა

የፀሀይ ፓኔሎ

კლიმატი

አየር ንብረት

რესტორანი

ምግብ ቤት

მიმტანი
አስተናጋጅ
მენიუ
სკამი
ወንበር
სუპი
ሾርባ
პიცა
ፒዛ
დანა-ჩანგალი
მაგიდაზე გადასაფარებელი
የጠረጴዛ ጨርቅ

საუზმე

የምግብ ፍላጎትን የሚከፍት ምግብ

მთავარი კერძი

ዋና ምግብ

დესერტი

ማጣጣሚያ ተከታይ ምግብ

დასალევი

መጠጦች

საჭმელი

ምግብ

ბოთლი

ጠርሙስ

სწრაფი კვება

ፈጣን ምግብ

ქუჩის საჭმელი

የመንገድ ምግብ

ჩაიდანი

የሻይ ማንቆርቆሪያ

საშაქრე

የስኳር እቃ

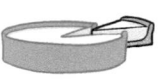

პორცია

ድርሻ

ესპრესოს მანქანა

የቡና ማፊያ ማሽን

მაღალი სკამი

ባለጌ ወንበር

ანგარიში

የክፍያ ደረሰኝ

ლანგარი

ትሪ

დანა

ቢላዋ

ჩანგალი

ሹካ

კოვზი

ማንኪያ

ჩაის კოვზი

የሻይ ማንኪያ

ხელსახოცი

ልብስ ምግብ እንዳይነካ የሚረዳ ጨርቅ

ჭიქა

ብርጭቆ

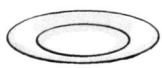

თეფში
....
ዝርግ ሰሀን

სუპის თეფში
....
የሾርባ ጎድጓዳ ሰሀን

ჩაის ლამბაქი
....
የስኒ ማስቀመጫ

საწებელი
....
ማጣፈጫ ስጎ

სამარილე
....
የጨው እቃ

წიწაკის საფქვავი
....
የተፈጨ ቃሪያ

ძმარი
....
ኮምጣጤ

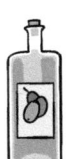

ზეთი
....
የምግብ ዘይት

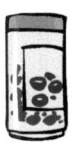

სანელებლები
....
ቀመማ ቅመሞች

კეტჩუპი
....
የቲማቲም ድልህ

მდოგვი
....
ሰናፍጭ

მაიონეზი
....
ማዮኒዝ

სუპერმარკეტი
የሸቀጣ ሸቀጥ መደብር

საყასბო

ሉካንዳ ነጋዴ

საცხობი

መጋገርያ

აწონვა

ክብደት መመዘን

ბოსტნეული

ቅጠላ ቅጠል አትክልት

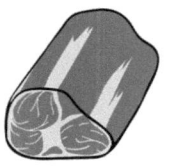

ხორცი

ስጋ

გაყინული საკვები

የቀዘቀዘ/የረጋ ምግብ

გრილი ხორცი

ቀዝቃዛ ቁራጭ

კონსერვები

የታሸገ ምግብ

სარეცხი ფხვნილი

የማጠቢያ ዱቄት

ტკბილეული

ጣፋጮች

საყოფაცხოვრებო პროდუქტები

የቤት ዉስጥ ዉጤቶች

სარეცხი საშუალებები

የፅዳት ምርቶች

გამყიდველი

የሽያጭ ባለሙያ

სალარო

የገንዘብ መመዝቢያ ማሽን

მოლარე

የሒሳብ ሰራተኛ

საყიდლების სია

የግዢ ዝርዝር

მუშაობის საათები

ክፍት ሰዓታት

პორტმანი

የኪስ ቦርሳ

საკრედიტო ბარათი

ክሬዲት ካርድ

ჩანთა

ቦርሳ

პლასტიკური პარკი

የፕላስቲክ ቦርሳ

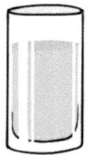

დასალევი

መጠጦች

წყალი

ዉሃ

წვენი

ጭማቂ

რძე

ወተት

კოკა-კოლა

ኮካ-ኮላ

ღვინო

ወይን

ლუდი

ቢራ

ალკოჰოლი

አልኮል

კაკაო

ኮካ

ჩაი

ሻይ

ყავა

ቡና

ესპრესო

የተፈላ ቡና

კაპუჩინო

ካፑቺኖ

საჭმელი

ምግብ

ბანანი

ሙዝ

ვაშლი

ፖም

ფორთოხალი

ብርቱካን

საზამთრო

ሀብሀብ

ლიმონი

ሎሚ

სტაფილო

ካሮት

ნიორი

ነጭ ሽንኩርት

ბამბუკი

ሽምበቆ

ხახვი

ቀይ ሽንኩርት

სოკო

እንጉዳይ

კაკალი

ለዉዝ

ატრია

የህፃናት ምግብ

სპაგეტი

ፓስታ

ბრინჯი

ሩዝ

სალათი

ሰላጣ

ჩიპსები

የድንች ጥብስ

შემწვარი კარტოფილი

ድንች ጥብስ

პიცა

ፒዛ

ჰამბურგერი

ዳቦ ዉስጥ በስሱ ተጠብሶ የገባ ስጋ

სენდვიჩი

ሳንድዊች

კოტლეტი

ጥሬ ስጋ

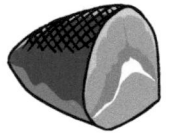

ლორი

የአሳማ ስጋ

სალიამი

በቅመምና በጨዉ የታሸ ምግብ ቀዝቅዞ የሚበላ ሾርባ ምግብ

ძეხვი

ቋሊማ

წიწილა

ዶሮ

შემწვარი ხორცი

ጥብስ

თევზი

አሳ

შვრიის ფაფა

የአጃ ገንፎ

მუსლი

ከወተት ጋር ተደባልቀዉ የሚበሉ ምግቦች

სიმინდის ფანტელები

የበቆሎ ቅርፊት

ფქვილი

ዱቄት

კრუასანი

ኩራሳ

ბულკი

ድብልብል ዳቦ

პური

ዳቦ

ტოსტი

መጥበስ

ნამცხვრები

ብስኩት

კარაქი

ቅቤ

ხაჭო

እርጎ

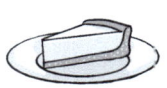

ტორტი

ኬክ

კვერცხი

እንቁላል

ერბო-კვერცხი

እንቁላል ጥብስ

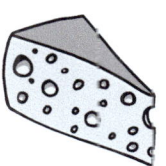

ყველი

አይብ

ნაყინი
....
የበረዶ ክሬም

შაქარი
....
ስኳር

თაფლი
....
ማር

ჯემი
....
ማርማላት

შოკოლადის კრემი
....
የተናጠ የወተት ክሬም

კარი
....
ማጣፈጫ

እርሻ

სოფლის სახლი
የገበሬ ቤት
თავლა
የእህልና የከብት ማቀመጫ ቤት
ჩალის შეკვრა
የጭድ ክምር
ყანა
ሜዳ
ცხენი
ፈረስ
მისაბმელი
ተሳቢ መኪና
ტრაქტორი
የእርሻ መኪና
კვიცი
የፈረስ ውርንጭላ
ვირი
አህያ
ცხვარი
በግ
ცხვარი
የበግ ጠቦት

თხა

ፍየል

ძროხა

ላም

ხბო

ጥጃ

ღორი

አሳማ

გოჭი

ግልገል አሳማ

ხარი

ኮርማ

ბატი

ዝይ

იხვი

ዳክዬ

წიწილა

የዶሮ ጫጩት

ქათამი

ዶር

მამალი

አዉራ ዶሮ

ვირთხა

አይጥ

კატა

ድድመት

თაგვი

አይጥ

ხარი

በሬ

ძაღლი

ዉሻ

საძაღლე

የዉሻ ቤት

ბაღის შლანგი

የአትክልት ቦታ

საბაღე წურწურა

ዉሃ ማጠጫ ባልዲ

ცელი

ረጅም ማጭድ

გუთანი

ማረሻ

ნამგალი
....
ማጭድ

თოხი
....
መኮትኮቻ

პატივის სახვეტი ჩანგალი
....
የእህል መንሽ

ცული
....
መጥረቢያ

მაზიდი
....
ኩርኩር/ የእጅ ጋሪ

გობი
....
ገንዳ

რძის ბიდონი
....
የ ተተ ዕቃ

ტომარა
....
ጆንያ ክረጢት

ლობე
....
አጥር

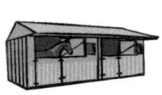

ბოსელი
....
የፈረስ ጋጣ

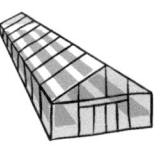

სათბური
....
ዕፀዋት ማሳደጊያ የመስታዉት
ቤት

ნიადაგი
....
አፈር

თესლი
....
ዘር

სასუქი
....
የመሬት ማዳበሪያ

მოსავლის ამღები კომბაინი
....
ጥምር ማረሻ

მოსავლის აღება

....

አዝመራ መሰብሰብ

მოსავალი

....

አዝመራ

იამი

....

ድንች

ხორბალი

....

ስንዴ

სოიო

....

ሶያ

კარტოფილი

....

ድንች

სიმინდი

....

በቆሎ

სარეველას თესლი

....

የከብት መኖ

ხეხილი

....

የፍሬ ዛፍ

მანიოკი

....

የካሳቫ ዛፍ

მარცვლეული

....

እህል

ቤት

ბუხარი
የጪስ ማዉጫ
სახურავი
ጣራ
წყალსადინარი მილი
ფანჯარა
መስኮት
კარის ზარი
የበር ደወል
ავტოფარეხი
ጋራዥ
კარი
በር
ნაგვის ყუთი
የቀቆሻሻ ማጠራቀሚያ
საფოსტო ყუთი
ბაღი
የአትክልት ቦታ

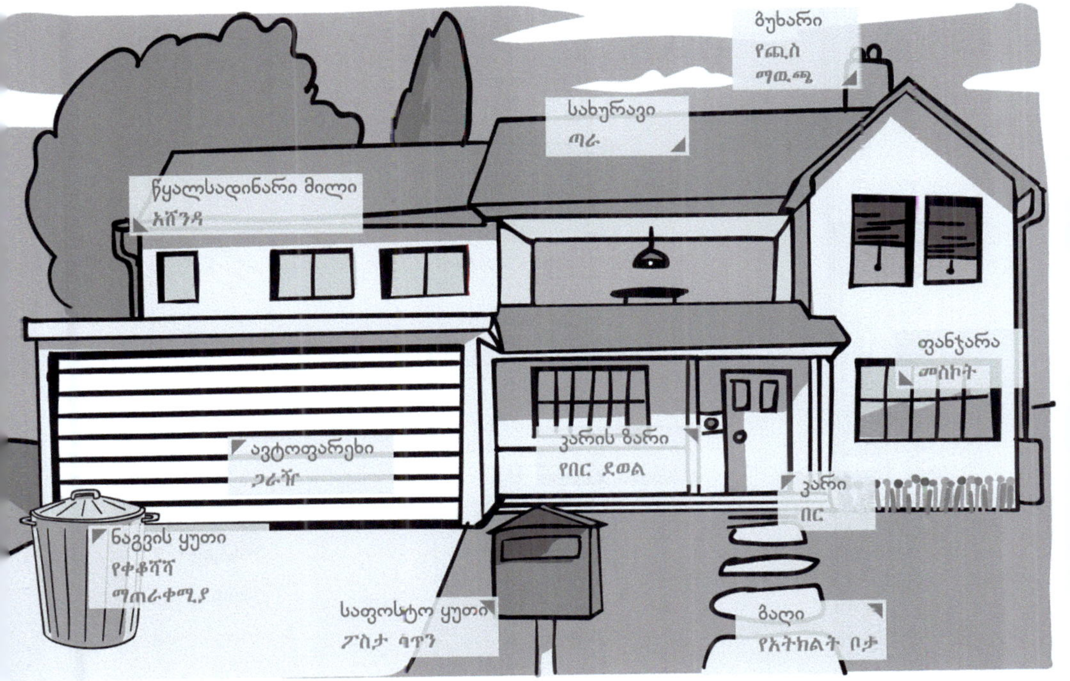

მისაღები ოთახი

ሳሎን

აბაზანა

መታጠቢያ ቤት

სამზარეულო

ማድቤት

საძინებელი

መኝታ ቤት

საბავშვო ოთახი

የልጅ ክፍል

სასადილო ოთახი

መመገቢያ ክፍል

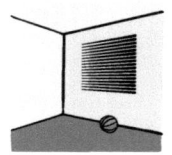

სართული

ወለል

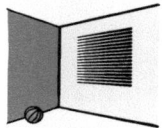

კედელი

ግድግዳ

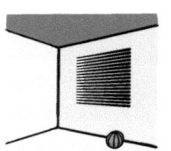

ჭერი

ጣሪያ

სარდაფი

ምድር ቤት

საუნა

በእንፋሎት ሙቀት መታጠቢያ ቤት

აივანი

ሰገነት

ტერასა

ከፍ ያለ መደብ

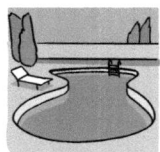

აუზი

የመዋኛ ገንዳ

გაზონის საკრეჭი

የማጨጃ መኪና

საბნის კონვერტი

አንሶላ

საწოლი

የአልጋ ልብስ

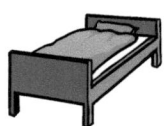

ლოგინი

አልጋ

ცოცხი

መጥረጊያ

სათლი

ባልዲ

გადამრთველი

ማብሪያና ማጥፊያ

ሳሎን

შპალერი
የግድግዳ ወረቀት
ნახატი
ፎቶ
ნათურა
መብራት
თარო
መደርደሪያ
კარადა
ቁም ሳጥን፤ ካቢኔ
ტელევიზორი
ბუხარი
የእሳት መሞቂያ
ყვავილი
አበባ
ბალიში
ትራስ
დივანი
ሶፋ
ვაზა
የአበባ ማስቀመጫ
დისტანციური მართვა
ሪሞት ኮንትሮል

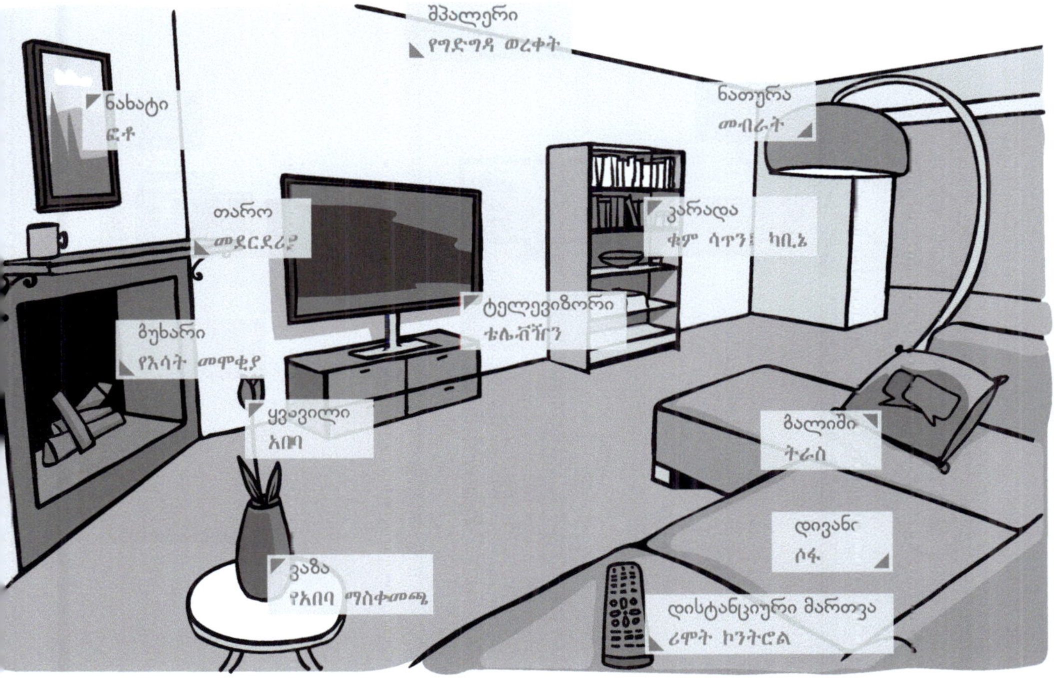

ხალიჩა

ንጣፍ

ფარდა

መጋረጃ

მაგიდა

ጠረጴዛ

სკამი

ወንበር

სარწეველა სკამი

ተወዛዋዥ ወንበር

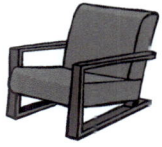

სავარძელი

ባለመደገፊያ ወንበር

წიგნი

መጽሐፍ

საბანი

ብርድ ልብስ

დეკორაცია

ጌጥ

შეშა

ማገዶ

ფილმი

ፊልም

hi-fi მოწყობილობები

የሙዚቃ መማጫወቻ

გასაღები

ቁልፍ

გაზეთი

ጋዜጣ

ფერწერა

ስዕል

პლაკატი

የተለጠፈ ማስታወቂያ እንደ ስዕል

რადიო

ራዲዮ

ბლოკნოტი

ማስታወሻ ደብተር

მტვერსასრუტი

የአየር ማፅጃ ለምንጣፍ

კაქტუსი

ቁልቋል

სანთელი

ሻማ

სამზარეულო

ማድቤት

მაცივარი
მიკრო-ტალღური
ღუმელი
სამზარეულოს სასწორი
ტოსტერი
სარეცხი საშუალება
ღუმელი
ნაგვის ყუთი
ჭურჭლის სარეცხი მანქანა

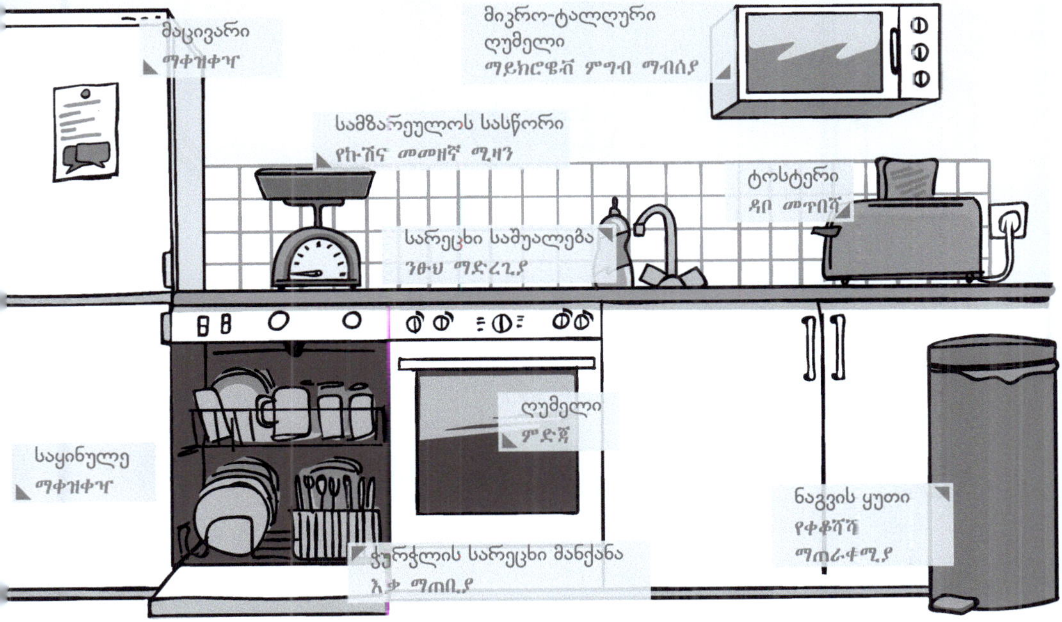

გაზქურა

ምግብ አብሳይ

ქოთანი

ማሰሮ

თუჯის ქვაბი

የብረት ማሰሮ

ტაფა ამოზნექილი ფსკერით

ምግብ ማብሰያ ዝርግ ድስት

ტაფა

የምግብ መጥበሻ

ჩაიდანი

ማንቆርቆሪያ

სამზარეულო - ማድቤት 35

ორთქლსახარში

የእንፋሎት ማብሰያ

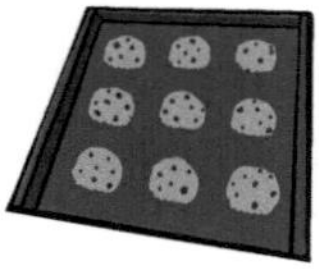

საცხობი ლანგარი

የመጋገሪያ ትሪ

ჭურჭელი

ሰብስቦች

კათხა

ትልቅ ኩባያ

თასი

ጎድጓዳ ሳህን

ჩინური ჩხირები

ቾፕስቲክስ

ჩამჩა

ጭልፋ

ფითხი

መስቅሰቂያ ዝርግ ማንኪያ

სათქვეფელა

ማደባለቂያ

საწური

መወጠሪያ

საცერი

ወንፊት

სახეხი

መፈርፈሪያ መሳሪያ

სანაყი

ሲሚንቶ

გრილი

የፍም ጥብስ

კოცონი

የተለቀቀ እሳት

დაფა

መክተፊያ

საგორავი

ተንሸራታች መርፌ

გურლი

የጠርሙስ መክፈቻ

ქილა

ጣሳ

ქილის გასახსნელი

የጣሳ መክፈቻ

ქოთნის ღამჭერი

የማሰሮ መሸፈኛ

ნიჟარა

ሳህን ማጠቢያ

ფუნჯი

ብሩሽ

ღრუბელი

ስፖንጅ

ბლენდერი

መደባለቂያ መሳሪያ

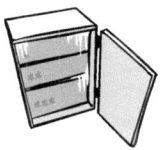

საყინულე კამერა

በጣም ማቀዝቀዣ

საგავშვო ბოთლი

ጡጦ

ონკანი

ቧንቧ

აბაზანა

መታጠቢያ ቤት

პირსახოცი
ፎጣ
መታጠቢያ
საშხაპე ფარდა
የመታጠቢያ ቤት መጋረጃ
ღრუბლიანი აბანო
የአረፋ መታጠቢያ
ვანა
የመታጠቢያ ገንዳ
ብርጭቆ
სარეცხი მანქანა
የልብስ ማጠቢያ
ონკანი
ቧንቧ
ფილები
ღამის ქოთანი
ნიჟარა
ሳህን ማጠቢያ

ტუალეტი

ሽንት ቤት

იატაკის ტუალეტი

የሽንት ቤት መቀመጫ

ბიდე

ሳፋ

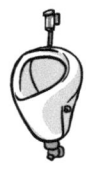

კედლის პისუარი

የመንገድ ዳር መሽኛ

ტუალეტის ქაღალდი

የሽንት ቤት ወረቀት

ტუალეტის ჯაგრისი

የሽንት ቤት ማፅጃ ብሩሽ

კბილის ჯაგრისი

የጥርስ ብሩሽ

კბილის პასტა

የጥርስ ሳሙና

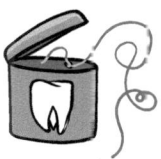

კბილის ძაფი

የጥርስ ማጓጃ ክር

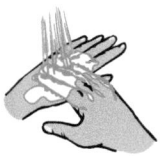

რეცხვა

መታጠብ

ხელის შხაპი

የእጅ መታጠቢያ

ინტიმური შხაპი

መታጠቢያ

ტაშტი

ጎድጓዳ ሳህን

ზურგის სახეხი ფუნჯი

የጀርባ ብሩሽ

საპონი

ሳሙና

შხაპის გელი

የመታጠቢያ የሚዝለገለግ ሳሙና

შამპუნი

የፀጉር መታጠቢያ ሳሙና

ნეჭა

ለስላሳ ጨርቅ

სანიაღვრე

ፍሳሽ

კრემი

ክሬም

დეოდორანტი

ጠረን መቀየሪያ ንጥረ ነገር

სარკე

መስታወት

ხელის სარკე

የእጅ መስታወት

ბრიტვა

ምላጭ

საპარსი ქაფი

የመላጫ አረፋ

საშუალება გაპარსვის შემდეგ

ከመላጨት በኋላ የሚቀባ ሽቱ

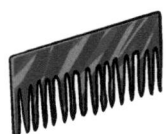

სავარცხელი

ማበጠሪያ

ჯაგრისი

ብሩሽ

თმის საშრობი

የፀጉር ማድረቂያ

თმის ლაქი

በፀጉር ላይ የሚነፋ

კოსმეტიკა

የፊት መቀባቢያ

ტუჩების პომადა

የከንፈር ቀለም

ფრჩხილის ლაქი

የጥፍር ቀለም

ბამბა

የጥጥ ሱፍ

ფრჩხილის მაკრატელი

ጥፍር መቁረጫ

სუნამო

ሽቶ

კოსმეტიკის ჩანთა

....

ማጠቢያ ባልዲ

ტაბურეტი

....

መቀመጫ

სასწორი

....

ሚዛን

სააბაზანო ხალათი

....

የመታጠቢያ ልብስ

რეზინის ხელთათმანები

....

የላስቲክ ጓንት

ტამპონი

....

ሞዴስ

სანიტარული პირსახოცი

....

የፅዳት ፎጣ

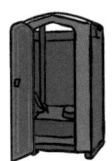

ბიო-ტუალეტი

....

የሽንት ቤት ኬሚካል

საბავშვო ოთახი

የልጅ ክፍል

მაღვიძარა
የማንቂያ ደዉል ሰዐት
რბილი სათამაშო
የህፃን አሻንጉሊት
სათამაშო მანქანა
የመጫወቻ መኪና
ჩხარუნა სათამაშო
ማንገጫገጫ መጫወቻ
თოჯინების სახლი
የአሻንጉሊት ቤት
საჩუქარი
ስጦታ

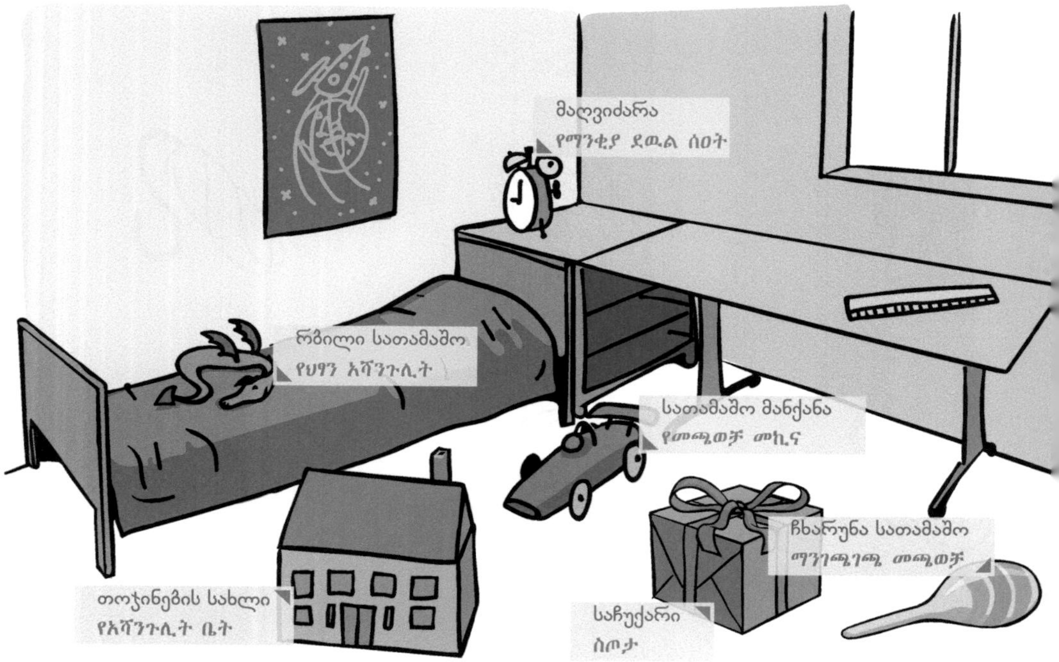

ბუშტი

ፊኛ

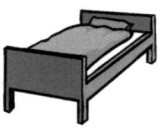

ლოგინი

አልጋ

საბავშვო ეტლი

የህፃን ማንሸራሸሪያ ጋሪ

კარტის თამაში

የካርታ መጫወቻ

პაზლი

ቁርጥራጭ ምስሎችን የማገጣጠም እና ምስል የማግኘት ጨዋታ

კომიკსი

አዝናኝ

ლეგოს აგურები

ተገጣጣሚ መጫወቻ

ასაშენებელი კუბიკები

የመጫወቻ መገጣጠሚያዎች

სათამაშო ფიგურა

የድርጊት ምስል

საცოცავი

የህፃን እድገት

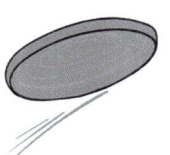

ფრისბი

የፕላስቲክ መጫወቻ ዝርግ ሰሀን

მობილე

ተወዛዋዥ የህፃን ማጫወቻ

სამაგიდო თამაში

የሰሌዳ ጨዋታ

კამათელი

የመጫወቻ ጠጠር

რკინიგზის მოდელი

የመጫወቻ ባቡር

საწოვარა

የእንጀራ እናት ጡጦ

წვეულება

ድግስ

წიგნი ნახატებით

የስዕል መፅሀፍ

ბურთი

ኳስ

თოჯინა

አሻንጉሊት

თამაში

መጫወት

საქვიშარი

የአሸዋ መጫወቻ

საქანელა

ዥዋዥዌ

სათამაშოები

መጫወቻዎች

ვიდეო თამაშის კონსოლი

የቪዲዮ መጫወቻ

სამთვლიანი ველოსიპედი

ባለ ሶስት ጎማ ብስክሌት

დათუნია

የአሻንጉሊት ድብ

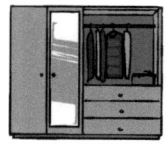

გარდერობი

ቁምሳጥን

ტანსაცმელი

አልባሳት

წინდები

ካልሲዎች

ჩულქები

ስቶኪንጎች

კოლგოტები

ታይት

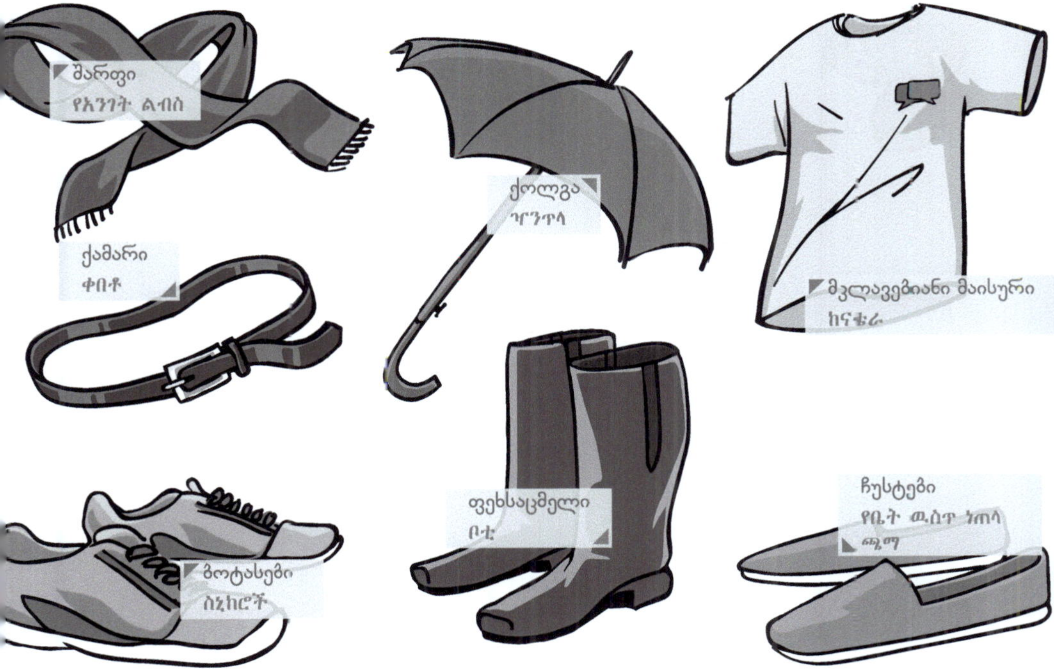

შარფი
የአንገት ልብስ
ქოლგა
ქამარი
ቀበቶ
მკლავებიანი მაისური
ფეხსაცმელი
ჩუსტები
ጫማ
ბოტასები
ስኒከሮች

სანდლები

ነጠላ ጫማዎች

ფეხსაცმელი

ጫማዎች

რეზინის ჩექმები

የዝናብ ቡትስ

ტრუსები

ሙታንታ

ბიუსჰალტერი

ጡት መያዣ

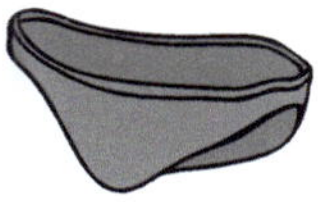

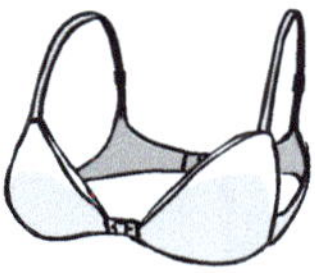

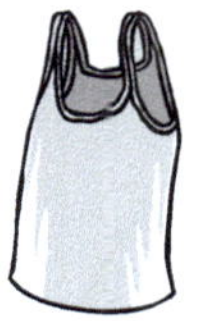

მაისური

ሰደርያ

სხეული

ሰዉነት

შარვალი

ሱሪዎች

ჯინსი

ጅንስ

ქვედაკაბა

ጉርድ ቀሚስ

ბლუზი

ሸሚዝ

პერანგი

ሸሚዝ

სვიტრი

የሚጠለቅ ሹራብ

კაპიუშონიანი ჟაკეტი

ሹራብ

სპორტული ქურთუკი

ዩኒፎርም ጃኬት

ჟაკეტი

ጃኬት

პალტო

ኮት

საწვიმარი

የዝናብ ኮት

კოსტუმი

ልብስ

კაბა

ቀሚስ

საქორწილო კაბა

የሙሽራ ቀሚስ

კაცის კოსტიუმი

ሱፍ

ღამის პერანგი

የለሊት ልብስ

პიჟამოები

የለሊት ልብስ

სარი

ረጅም ቀሚስ

თავშალი

ሂጃብ

ტურბანი

ጥምጣም

ჩადრი

ቡርቃ

ხიფთანი

ሽርጥ

აბაია

አባያ

საცურაო კოსტუმი

የዋና ልብስ

ჩემოდნები

አጭር ቁምጣ

შორტები

ቁምጣዎች

სპორტული კოსტიუმი

የስራ ቱታ

წინსაფარი

ሽርጥ

ხელთათმანები

ጓንት

ღილი

ቁልፍ

სათვალეები

መነፅር

სამაჯური

አምባር

ყელსაბამი

የአንገት ሀብል

ბეჭედი

ቀለበት

საყურე

የጆሮ ጌጥ

კეპი

ኮፍያ

საკიდი

የኮት መስቀያ

ქუდი

ኮፍያ

ჰალსტუხი

ክረቫት

ელვა-შესაკრავის შეკვრა

ዚፕ

ჩაფხუტი

የብረት ቆብ

აჭიმი

መደገፊያ

სკოლის ფორმა

የትምህርት ቤት የደንብ ልብስ

ფორმა

የደንብ ልብስ

ბავშვის წინსაფარი

መሃረብ

საწოვარა

የእንጀራ እናት ጡጦ

პამპერსი

ሽንት ጨርቅ

ოფისი

ቢሮ

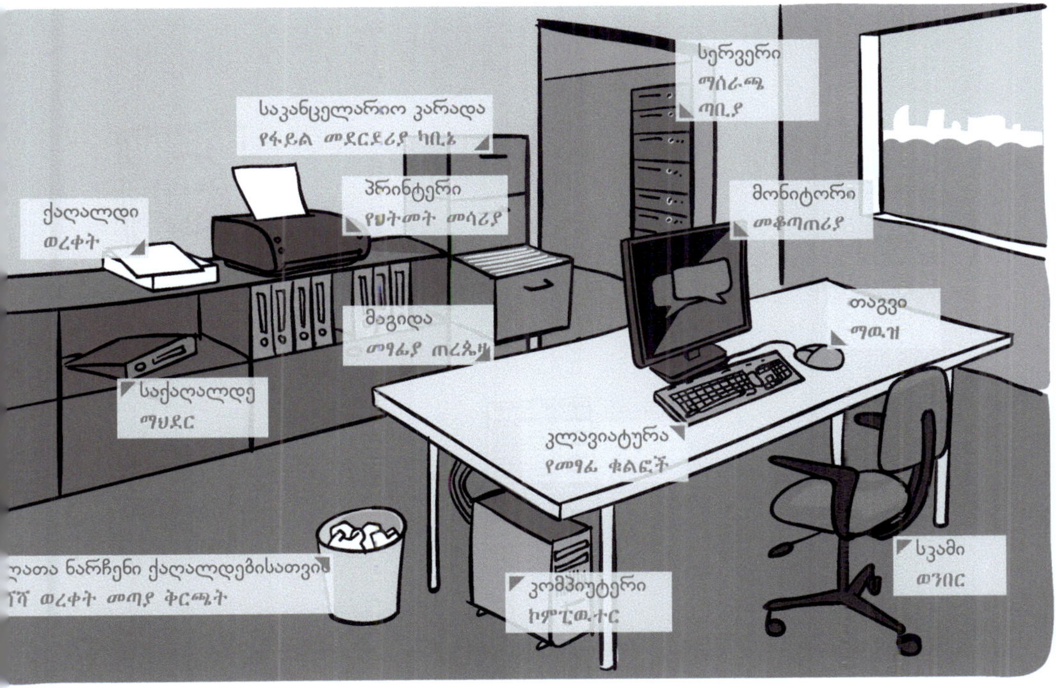

სერვერი
ጣቢያ
საკანცელარიო კარადა
የፋይል መደርደሪያ ካቢኔ
პრინტერი
የህትመት መሳሪያ
ქაღალდი
ወረቀት
მონიტორი
መቆጣጠሪያ
თაგვი
მაგიდა
መፃፊያ ጠረጴዛ
საქაღალდე
ማህደር
კლავიატურა
የመፃፊ ቁልፎች
ლათა ნარჩენი ქაღალდებისათვის
ሻ ወረቀት መጣያ ቅርጫት
კომპიუტერი
ኮምፒዉተር
სკამი
ወንበር

ყავის ფინჯანი

የቡና መጠጫ ትልቅ ኩባያ

კალკულატორი

ማስልያ ማሽን

ინტერნეტი

ኢንተርኔት

ლეპტოპი

ላፕቶፕ

წერილი

ደብዳቤ

მესიჯი

መልዕክት

მობილური ტელეფონი

ተንቀሳቃሽ ስልክ

ქსელი

የግንኙነት አዉታር

სკანერი

ማባዣ ማሽን

პროგრამული
უზრუნველყოფა
ሶፍትዌር

ტელეფონი

ስልክ

როზეტი

የግድግዳ ሶኬት

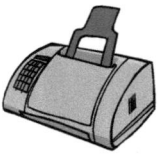

ფაქსის მანქანა

የፋክስ ማሽን

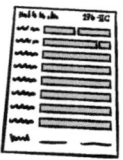

ფორმულარი

ቅፅ

დოკუმენტი

ሰነድ

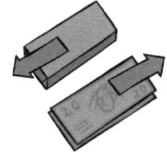

ყიდვა

መግዛት

გადახდა

መክፈል

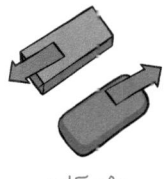

ვაჭრობა

መነገድ

ფული

ገንዘብ

USD

დოლარი

ዶላር

EUR

ევრო

ዩሮ

JPY

იენი

የን

RUB

რუბლი

ሩብል

CHF

შვეიცარული ფრანკი

የስዊዝ ፍራንክ

ჟენმინბი იუანი

ሬንሚንቢ ዩዋን

INR

რუპი

ሩጲ

ბანკომატი

የገንዘብ ነጥብ

ვალუტის გადაცვლის პუნქტი

የዉጭ ገንዘብ ምንዛሪ ቢሮ

ოქრო

ወርቅ

ვერცხლი

ብር

ნავთობი

ዘይት

ენერგია

ሀይል፤ ጉልበት

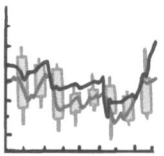

ფასი

ዋጋ

ხელშეკრულება

ግንኙነት

გადასახადი

ቀረጥ

აქცია

አክስዮን

მუშაობა

መስራት

თანამშრომელი

ተቀጣሪ

დამსაქმებელი

ቀጣሪ

ქარხანა

ፋብሪካ

მაღაზია

ሱቅ

პროფესიები
የስራ ሙያዎች

პოლიციის ოფიცერი
የፖሊስ አዛዥ
მეხანძრე
የእሳት አደጋ ሰራተኛ
მზარეული
ምግብ አብሳይ
ექიმი
ዶክተር
მფრინავი
አብራሪ

მებაღე

አትክልተኛ

დურგალი

አናጢ

თეთრეულის მკერავი ქალბატონი

ልብስ ሰፊ ሴት

მოსამართლე

ዳኛ

ქიმიკოსი

ቀማሚ

მსახიობი

ተዋናይ

ავტობუსის მძღოლი

የአዉቶቢስ ሹፌር

ტაქსის მძღოლი

የታክሲ ሹፌር

მეთევზე

አሳ አጥማጅ

დამლაგებელი ქალბატონი

ፅዳት ሰራተኛ

სახურავის ოსტატი

የጣራ ሰራተኛ

მიმტანი

አስተናጋጅ

მონადირე

አዳኝ

ფერმწერი

ሰዓሊ

მცხობელი

ጋጋሪ

ელექტრიკოსი

የኤሌትሪክ ሰራተኛ

მშენებელი

ገምቢ

ინჟინერი

መሃሃዲስ

ყასაბი

ልኳንዳ

სანტექნიკოსი

የቧንቧ ሰራተኛ

ფოსტალიონი

የፖስታ ሰራተኛ

ჯარისკაცი

ወታደር

არქიტექტორი

መሃንዲስ

მოლარე

የሒሳብ ሰራተኛ

ფლორისტი

አበባ ሻጭ

პარიკმახერი

የፀጉር ሰራተኛ

კონდუქტორი

ቲኬት ቆራጭ

მექანიკოსი

መካኒክ

კაპიტანი

ካፒቴን

სტომატოლოგი

የጥርስ ሐኪም

მეცნიერი

ተመራማሪ

რაბინი

መምህር

იმამი

የሙስሊም ሃይማኖታዊ መሪ

ბერი

መነኩሴ

სასულიერო პირი

ካህን

იარაღები
መሳሪያዎች

ჩაქუჩი
መዶሻ

ბრტყელტუჩა
ተቆላፊ ጉጠት

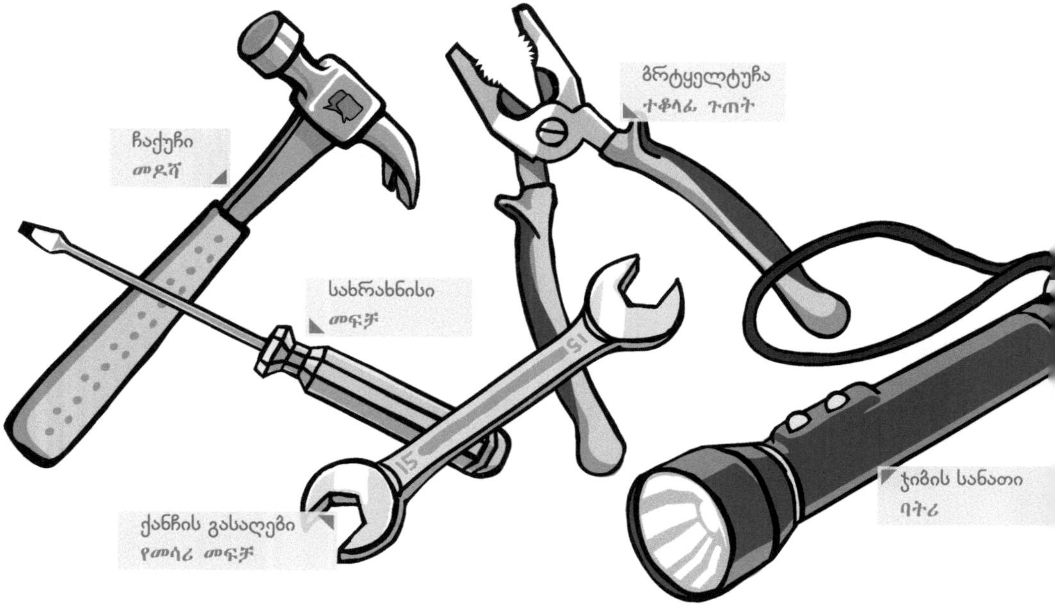

სახრახნისი
መፍቻ

ქანჩის გასაღები
የመሳሪ መፍቻ

ჯიბის სანათი
ባትሪ

ექსკავატორი
በቁፋሮ የሚዝቅ

იარაღების ყუთი
የመፍቻ ሳጥን

კიბე
መሰላል

ხერხი
መጋዝ

ლურსმები
ምስማር

საბურღი
መሰርሰሪያ

შეკეთება

መጠገን

ნიჩაბი

አካፋ

ანდაზა!

የተረገመ!

აქანდაზი

ቆሻሻ ማፈሻ

საღებავის ქოთანი

የቀለም ቆርቆሮ

ხრახნები

ብሎን

მუსიკალური ინსტრუმენტები
የሙዚቃ መሳሪያዎች

რეპროდუქტორი
የድምፅ ማጉያ መሳሪያ
დასარტყამი ინსტრუმენტების კრებული
የከበሮ መሳሪያዎች
გიტარა
ክራር መሰል የሙዚቃ መሳሪያ
საყვირი
የትንፋሽ ሙዚቃ መሳሪያ
კონტრაბასი
ድርብ ቤዝ ጊታር

მუსიკალური ინსტრუმენტები - የሙዚቃ መሳሪያዎች 57

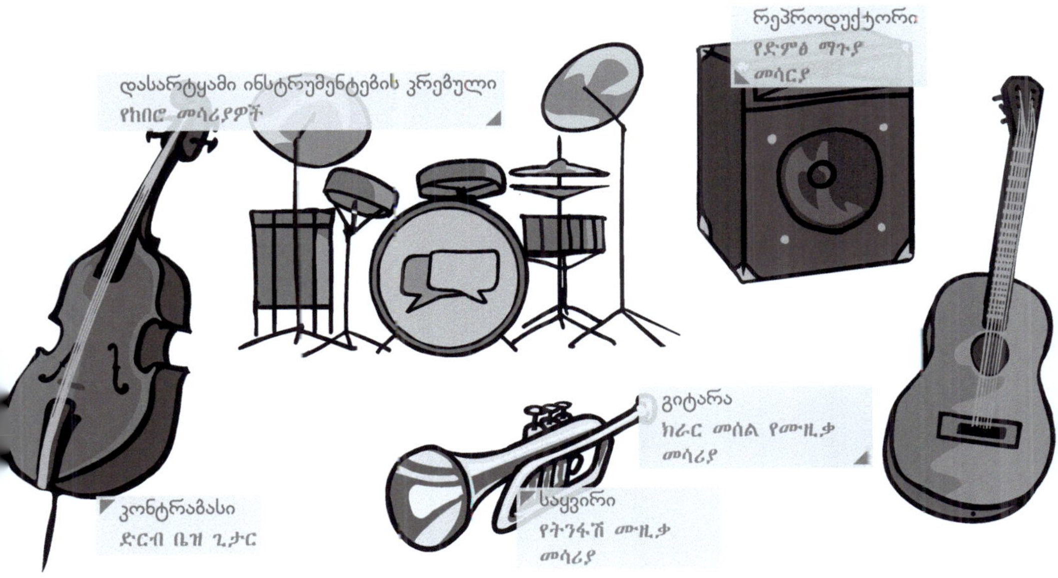

ფორტეპიანო

....

ፒያኖ

ვიოლინო

....

ቫዮሊን

ბასი

....

ወፍራም፤ጎርናና ድምፅ ያለዉ
ክራር መሰል ሙዚቃ መሳሪያ

ტიმპანონი

....

ነጋሪት

დასარტყამები

....

ከበሮ

კლავიშები

....

በኤሌክትሪክ የሚሰራ ፒኖ

საქსოფონი

....

የትንፋሽ ሙዚቃ መሳሪያ

ფლეიტა

....

ዋሽንት

მიკროფონი

....

የድምፅ ማጉያ

ზოოპარკი

የደር እንስሳት ማቆያ

ვეფხვი
ነብር
გალია
ზებრა
የሜዳ አህያ
ცხოველთა საკვები
የእንስሳ ምግብ
პანდა
ትልቅ ድብ
შესასვლელი
መግቢያ

ცხოველები

እንስሳቶች

სპილო

ዝሆን

კენგურუ

ካንጋሮ

მარტორქა

አዉራሪስ

გორილა

ትልቅ ዝንጀሮ

დათვი

ድብ

აქლემი

ግመል

სირაქლემა

ሰጎን

ლომი

አንበሳ

მაიმუნი

ጦጣ

ფლამინგო

ቅልጥመ ረዥም ወፍ

თუთიყუში

በቀቀን

პოლარული დათვი

የወዋልታ ድብ

პინგვინი

የዋልታ ወፎች

ზვიგენი

ረጅም ጥርሶች ያሉትአሳ ነባሪ

ფარშევანგი

ጣዎስ

გველი

እባብ

ნიანგი

አዞ

ზოოპარკის მფლობელი

የዱር አራዊት የሚጠበቁበት
ማቆያን የሚጠብቅ

სელაპი

አሳ በሊታ የባህር እንስሳ

იაგუარი

የዱር ድመት

პონი

ድንክ ፈረስ

ლეოპარდი

ነብር

ბეჰემოტი

ጉማሬ

ჟირაფი

ቀጭኔ

არწივი

ንስር

ტახი

ከርከሮ

თევზი

አሳ

კუ

የባህር ኤሊ

მორჟი

የባህር ኡሙሬ

მელა

ቀበሮ

გაზელი

የሜዳ ፍየል፤ ሚዳቋ

სპორტი

የስፖርት አይነቶች

ამერიკული ფეხბურთი
የአሜሪካ እግርኳስ
ველოსპორტი
የብስክሌት ስፖርት
ჩოგბურთი
ቴኒስ
კალათბურთი
የቅርጫት ኳስ
ცურვა
ዋና
კრივი
የቡጢ ስፖርት
ყინულის ჰოკეი
የበረዶ ላይ የገና ጨዋታ

ფეხბურთი

እግር ኳስ

ბადმინტონი

የላበ ኳስ ጨዋታ

მძლეოსნობა

አትሌቲክስ

ხელბურთი

የእጅ ኳስ ስፖርት

სათხილამურო სპორტი

የበረዶ መንሸራተት ስፖርት

წყლის პოლო

ፈረስ ግልቢያ

გადახტომა
መዝለል
ჩახუტება
ማቀፍ
დაცინვა
መሳቅ
სიმღერა
სეირნობა
መራመድ
ოცნებობა
ህልም ማለም
ლოცვა
መፀለይ
კოცნა
መሳም

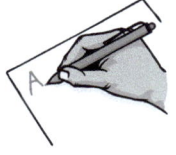

წერა

መፃፍ

დახატვა

መሳል

ჩვენება

ማሳየት

დაჭერა

መግፋት

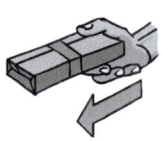

მიცემა

መስጠት

აღება

መዉሰድ

ქონა

መያዝ

კეთება

ማድረግ

ყოფნა

መሆን

დგომა

መቆም

გარბენა

መሮጥ

მოქაჩვა

መሳብ

გადაყრა

መወርወር

დაცემა

መዉደቅ

ტყუილის თქმა

መዋሸት

მოცდენა

መጠበቅ

ტარება

መሸከም

ჯდომა

መቀመጥ

ჩაცმა

መልበስ

ძილი

መተኛት

გაღვიძება

መንቃት

დათვალიერება

መመልከት

ტირილი

ማልቀስ

გაუთოება

መጫር

დავარცხნა

ማበጠር

ლაპარაკი

ማውራት

გაგება

መረዳት

შეკითხვა

ጥያቄ

მოსმენა

ማዳመጥ

დალევა

መጠጣት

ჭამა

መብላት

დალაგება

ማንፃት

ყვარება

ማፍቀር

კერძების მზადება

ምግብ ማብሰል

სვლა

መንዳት

ფრენა

መገረር

აფრის ქვეშ სიარული

መርከብ መንዳት

გამოთვლა

ቁጥሮችን ማስላት

წაკითხვა

ማንበብ

შესწავლა

መማር

მუშაობა

መስራት

ქორწინება

ማግባት

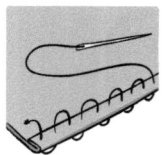

კერვა

መስፋት

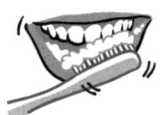

კბილების ხეხვა

ጥርስ መቦረሽ

მოკვლა

መግደል

მოწევა

ማጨስ

გაგზავნა

መላክ

ოჯახი
ቤተሰብ

ბებია
የሴት አያት
ბაბუა
የወንድ አያት
მამა
አባት
დედა
እናት
ბავშვი
ህፃን
ქალიშვილი
ሴት ልጅ
ვაჟიშვილი
ወንድ ልጅ

სტუმარი

እንግዳ

დეიდა

አክስት

ბიძა

አጎት

ძმა

ወንድም

და

እህት

სხეული

አካል

შუბლი
ግንባር
თვალი
სახე
ፊት
ნიკაპი
አገጭ
მკერდი
ጡት
თითი
ጣት
ხელი
እጅ
მხარი
ትከሻ
ფეხი
እግር

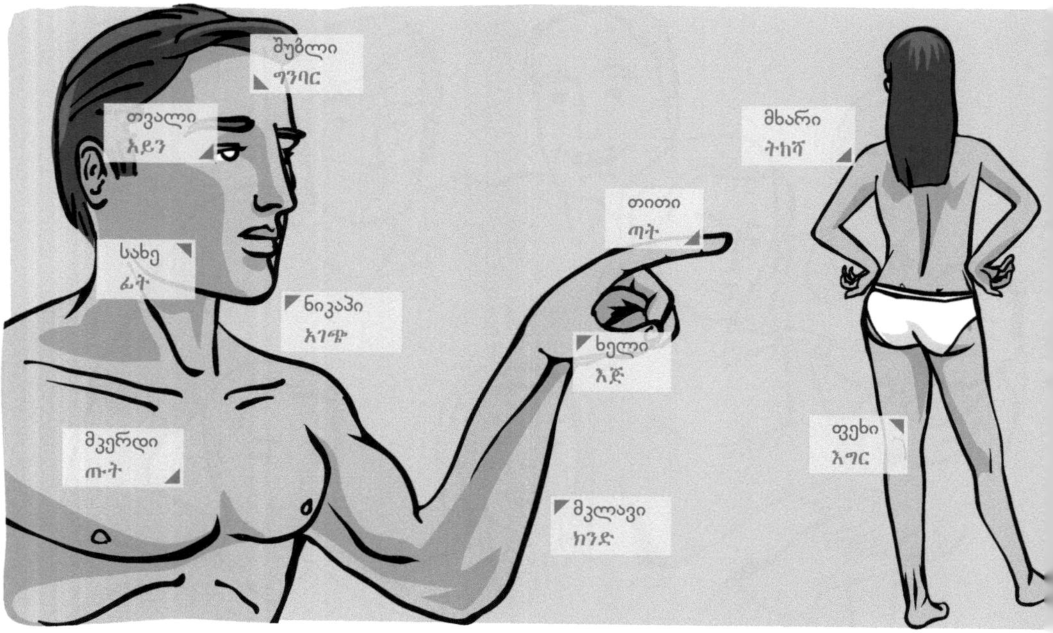

ბავშვი

ህፃን

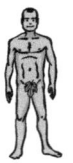

კაცი

ሰዉ

ქალი

ሴት

გოგო

ልጃገረድ

ბიჭი

ወንድ ልጅ

თავი

ራስ

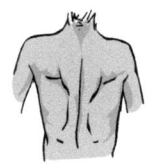

ზურგი

....

ጀርባ

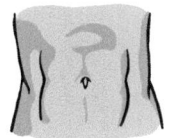

მუცელი

....

ሆድ

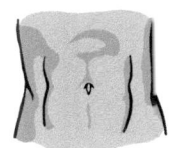

ჭიპი

....

እምብርት

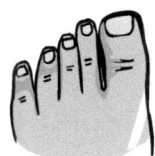

ფეხის თითი

....

የእግር ጣት

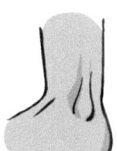

ქუსლი

....

ተረከዝ

ძვალი

....

አጥንት

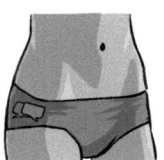

ბარძაყი

....

ዳሌ

მუხლი

....

ጉልበት

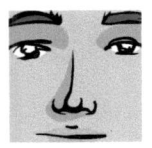

იდაყვი

....

ክርን

ცხვირი

....

አፍንጫ

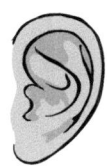

დუნდულა

....

ቂጥ

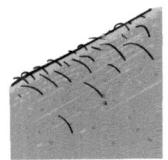

კანი

....

ቆዳ

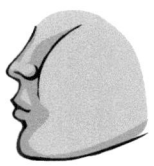

ლოყა

....

ጉንጭ

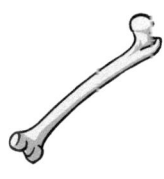

ყური

....

ጆሮ

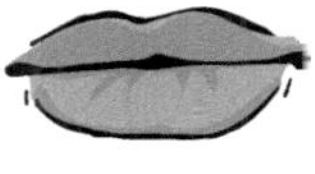

ტუჩი

....

ከንፈር

პირი

አፍ

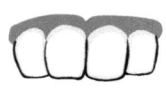

კბილი

ጥርስ

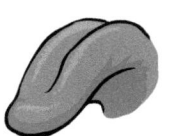

ენა

ምላስ

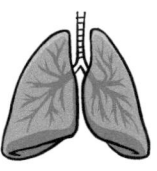

ტვინი

አንጎል

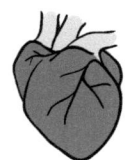

გული

ልብ

კუნთი

ጡንቻ

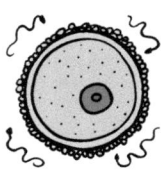

ფილტვი

ሳምባ

ღვიძლი

ጉበት

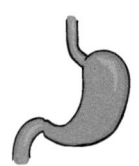

კუჭი

ሆድ

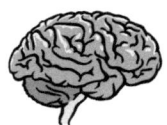

თირკმელები

ኩላሊቶች

სექსი

የግብረስጋ ግንኙነት

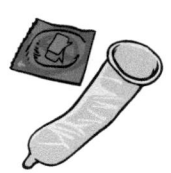

პრეზერვატივი

ኮንዶም

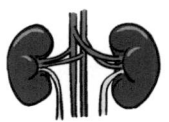

კვერცხუჯრედი

የሴት እንቁላል

სპერმა

የዘር ፈሳሽ

ორსულობა

እርግዝና

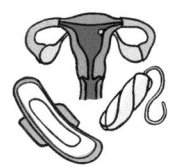

მენსტრუაცია

የወር አበባ

საშო

እምስ

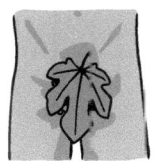

პენისი

ቁላ

წარბი

ቅንድብ

თმა

ፀጉር

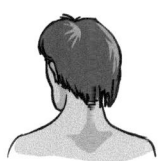

კისერი

አንገት

საავადმყოფო
ሆስፒታል

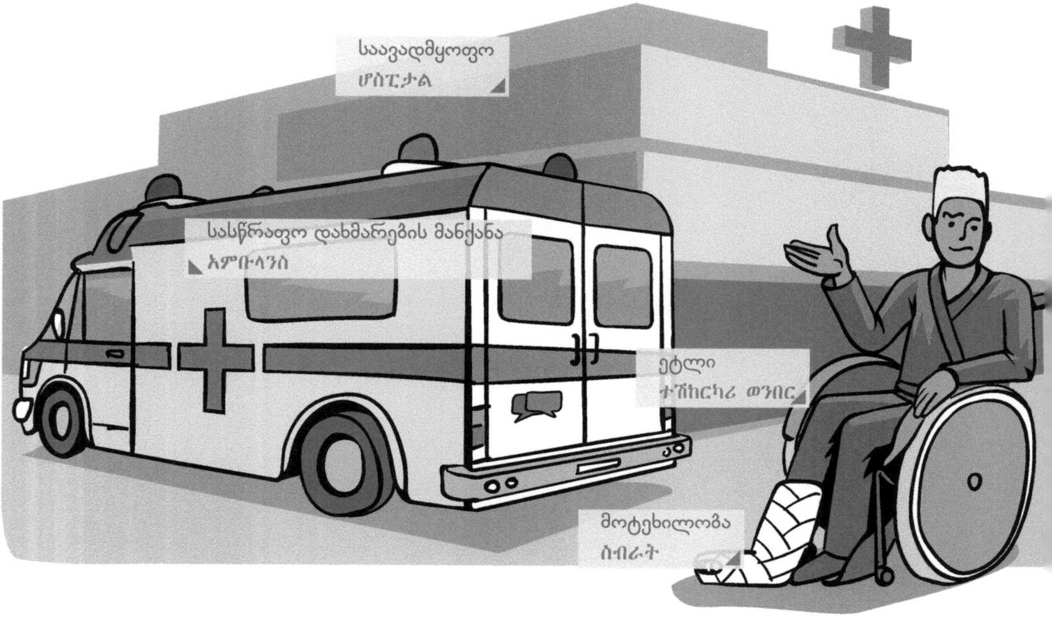

სასწრაფო დახმარების მანქანა
አምቡላንስ

ეტლი
ተሽከርካሪ ወንበር

მოტეხილობა
ስብራት

ექიმი
....
ዶክተር

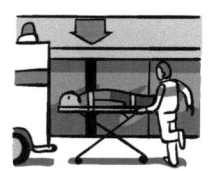

პირველი დახმარების "ოთახი"
ድንገተኛ ክፍል

მედდა
....
ነርስ

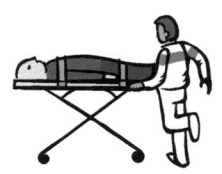

გადაუდებელი შემთხვევა
....
ድንገተኛ

უგონოდ მყოფი
....
ራስን መሳት/ አለማወቅ

ტკივილი
....
ህመም

დაზიანება

ጉዳት

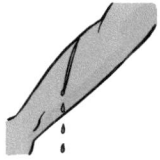

სისხლდენა

መድማት

გულის შეტევა

የልብ ድካም

ინსულტი

ስትሮክ

ალერგია

አለርጂ

ხველა

ሳል

ცხელება

ትኩሳት

გრიპი

ኢንፍሉዌንዛ

დიარეა

ተቅማጥ

თავის ტკივილი

የራስ ምታት

კიბო

ካንሰር

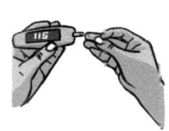

დიაბეტი

የስኳር በሽታ

ქირურგი

ቀዶ ጠጋኝ ሐኪም

სკალპელი

የቀዶ ጥገና ስለት

ოპერაცია

ቀዶ ጥገና

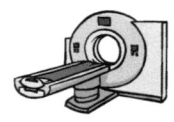

კტ

ሲ.ቲ

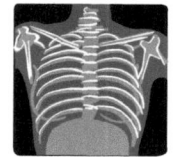

რენტგენი

ኤክስሬዩ

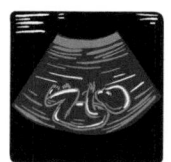

ულტრაბგერა

አልትራሳዉንድ

ნიღაბი

የፊት ጭምብል

დაავადება

በሽታ

მოსაცდელი ოთახი

መጠበቂያ ክፍል

ყავარჯენი

ምርኩዝ

თაბაშირი

የቁስል ማሸጊያ

ბინტი

ፋሻ

ინექცია

መርፌ

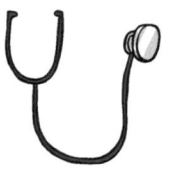

სტეტოსკოპი

የልብ ምት ማዳመጫ መሳሪያ

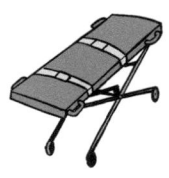

საკაცე

የበሽተኛ አልጋ

თერმომეტრი

የህክምና ሙቀት መለኪያ መሳሪያ

დაბადება

መውለድ

ჭარბი წონა

ከልክ ያለፈ ክብደት

სმენის აპარატი

ለመስማት የሚረዳ መሳሪያ

სადეზინფექციო საშუალება

ፀረ ተባይ መድሀኒት

ინფექცია

ማመርቀዝ

ვირუსი

ቫይረስ

აივ / შიდსი

ኤች አይቪ ኤድስ

წამალი

ህክምና

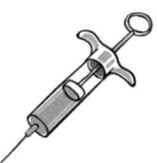

ვაქცინაცია

ክትባት

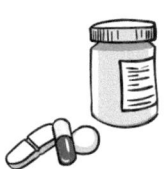

ტაბლეტები

ኪኒን

აბი

ኪኒን

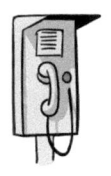

ადაუდებელი გამოძახება

አስቸኳይ የስልክ ጥሪ

წნევის საზომი აპარატი

ደም ግፊት መቆጣጠሪያ

ავადმყოფი / ჯანმრთელი

ህመም/ ጤንነት

გადაუდებელი შემთხვევა

ድንገተኛ

დამეხმარეთ!

እርዳታ!

განგაში

ማንቂያ ደዉል

თავდასხმა

ጥቃት

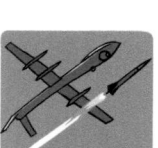

შეტევა

ድብደባ

საფრთხე

አደጋ

სათადარიგო გასასვლელი

የድንገተኛ መዉጫ

ხანძარი!

እሳት!

ცეცხლსაქრობი

እሳት ማጥፊያ

უბედური შემთხვევა

አደጋ

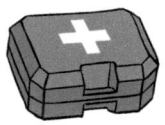

პირველადი დახმარების აფთიაქი

የመጀመሪያ እርዳታ መድሃኒት መያዣ

SOS

ነፍስ አድን

პოლიცია

ፖሊስ

ევროპა

አዉሮፓ

ჩრდილოეთ ამერიკა

ሰሜን አሜሪካ

სამხრეთ ამერიკა

ደቡብ አሜሪካ

აფრიკა

አፍሪካ

აზია

እስያ

ავსტრალია

አዉስትራሊያ

ატლანტიკა

አትላንቲክ

წყნარი ოკეანე

ፓስፊክ

ინდოეთის ოკეანე

የህንድ ዉቅያኖስ

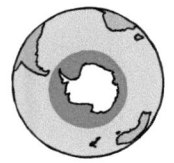

ანტარქტიკის ოკეანე

አንታርክቲክ ዉቅያኖስ

ჩრდილოეთის ყინულოვანი ოკეანე

አርክቲክ ዉቅያኖስ

ჩრდილოეთ პოლუსი

ሰሜን ዋልታ

სამხრეთ პოლუსი
....
ደቡብ ዋልታ

ანტარქტიდა
....
አንታርክቲካ

დედამიწა
....
ምድር

ხმელეთი
....
መሬት

ზღვა
....
ባህር

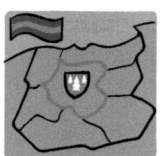

კუნძული
....
ደሴት

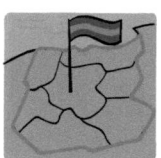

ერი
....
አገርና ህዝብ

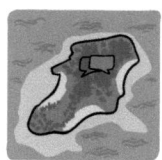

სახელმწიფო
....
መንግስት

საათი

ሰዓት

ციფერბლატი

የሰዓት ገፅታ

საათების ისარი

ሰዓት

წუთების ისარი

ደቂቃ

წამების ისარი

ሴኮንድ

რომელი საათია?

ስንት ሰዓት ነው?

დღე

ቀን

დრო

ጊዜ

ახლა

አሁን

ციფრული საათი

የቁጥር ሰዐት

წუთი

ደቂቃ

საათი

ሰዓታት

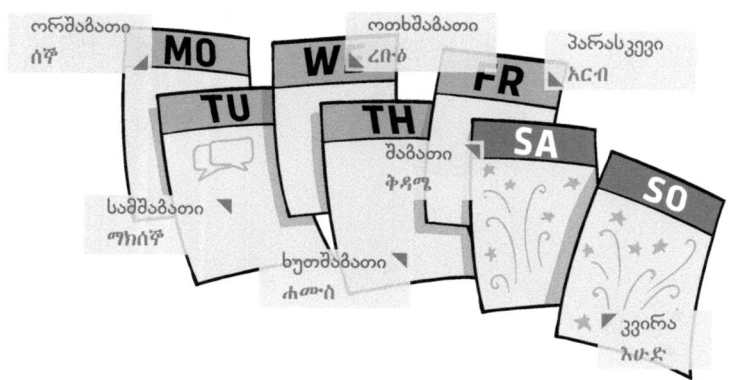

ორშაბათი
ሰኞ   **MO**

ოთხშაბათი
ረቡዕ   **W**

პარასკევი
አርብ   **FR**

TU

TH

შაბათი
ቅዳሜ

SA

SO

სამშაბათი
ማክሰኞ

ხუთშაბათი
ሐሙስ

კვირა
እሁድ

გუშინ
....
ትላንት

დღეს
....
ዛሬ

ხვალ
....
ነገ

დილა
....
ማለዳ

შუადღე
....
ቀትር

საღამო
....
ምሽት

MO	TU	WE	TH	FR	SA	SU
1	2	3	4	5	6	7
8	9	10	11	12	13	14
15	16	17	18	19	20	21
22	23	24	25	26	27	28
29	30	31	1	2	3	4

სამუშაო დღეები
....
የስራ ቀናት

MO	TU	WE	TH	FR	SA	SU
1	2	3	4	5	6	7
8	9	10	11	12	13	14
15	16	17	18	19	20	21
22	23	24	25	26	27	28
29	30	31	1	2	3	4

შაბათი-კვირა
....
የዕረፍት ቀናት

წელი

ዓመት

წვიმა
ዝናብ
ცისარტყელა
ቀስተ ዳመና
თოვლი
ጥጥ የሚመስል አመዳይ
በረዶ
გაზაფხული
ፀደይ
ზაფხული
በጋ
შემოდგომა
መኸር
ზამთარი
ክረምት

4.APRIL 11°
5.APRIL 4°
6.APRIL 13°
7.APRIL 8°
8.APRIL 10°

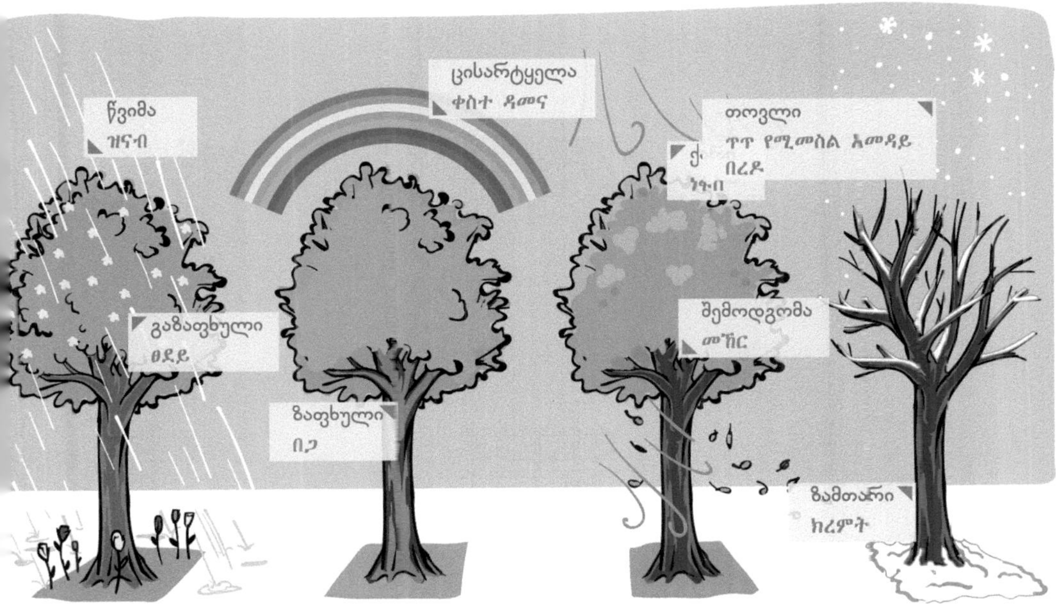

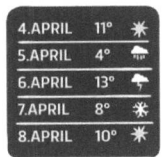

ამინდის პროგნოზი

የአየር ሁኔታ ትንበያ

F C
120 40
90 30
60 20
30 10
0 0
-30 -10
-20

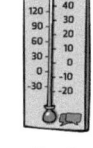

თერმომეტრი

የሙቀት መለኪያ

მზის სხივი

የፀሀይ ሙቀት

ღრუბელი

ደመና

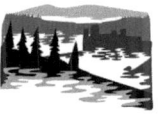

ნისლი

ጭጋግ

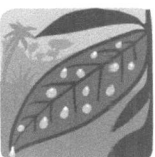

ტენიანობა

እርጥበታማነት

ელვა

መብረቅ

ქუხილი

ነጎድጓድ

შტორმი

አዉሎ ንፋስ

სეტყვა

የበረዶ ዝናብ

მუსონი

አዉሎ ንፋስ

წყალდიდობა

ጎርፍ

ყინული

በረዶ

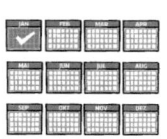

იანვარი

ጥር

თებერვალი

የካቲት

მარტი

መጋቢት

აპრილი

ሚያዚያ

მაისი

ግንቦት

ივნისი

ሰኔ

ივლისი

ሐምሌ

აგვისტო

ነሀሴ

82 წელი - ዓመት

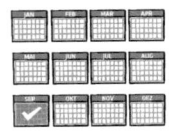

სექტემბერი

መስከረም

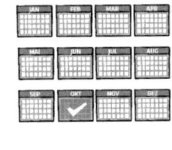

ოქტომბერი

ጥቅምት

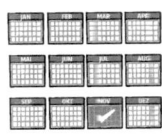

ნოემბერი

ህዳር

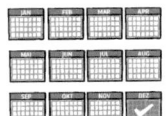

დეკემბერი

ታህሳስ

ფორმები

ቅርፆች

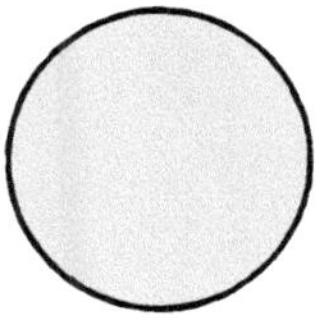

წრე

ክብ

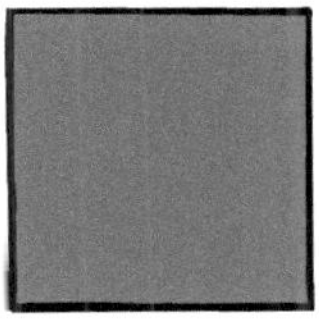

კვადრატი

አራት ማዕዘን

მართკუთხედი

አራት ቀጥተኛ ማዕዘኖች ጎኖች ያሉት ቅርፃ

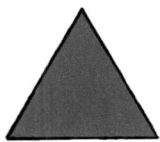

სამკუთხედი

ሶስት ማዕዘን

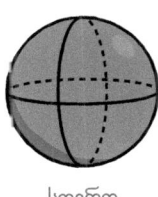

სფერო

ሉል

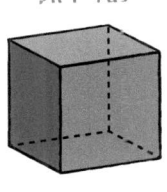

კუბი

ስድስት ጎን ያለው ቅርፅ

ფერები
ቀለማት

თეთრი
ነጭ

ყვითელი
ቢጫ

ნარინჯისფერი
ብርቱካናማ

ვარდისფერი
ሮዝ

წითელი
ቀይ

იისფერი
ወይን ጠጅ

ცისფერი
ሰማያዊ

მწვანე
አረንጓዴ

ყავისფერი
ቡኒ

ნაცრისფერი
ግራጫ

შავი
ጥቁር

საპირისპიროები

ተቃራኒዎች

გევრი / ცოტა

ብዙ/ ጥቂት

გაპრაზებული / მშვიდი

ንዴት/ እርጋታ

ლამაზი / მახინჯი

ቆንጆ/ አስቀያሚ

დასაწყისი / დასასრული

ጅማሬ/ ፍፃሜ

დიდი / პატარა

ትልቅ/ ትንሽ

ნათელი / მუქი

ደማቅ/ ደብዛዛ

ძმა / და

ወንድም/ እህት

სუფთა / ჭუჭყიანი

ንፁህ/ ቆሻሻ

სრული / არასრული

የተሟላ/ ያልተሟላ

დღე / ღამე

ቀን/ ምሽት

მკვდარი / ცოცხალი

የሞተ/ ህያዉ

განიერი / ვიწრო

ሰፊ/ ጠባብ

საჭმელად ვარგისი / საჭმელად უვარგისი

የሚበላ/ የማይበላ

გოროტი / კეთილი

ክፉ/ ደግ

შთამბეჭდავი / მოსაწყენი

ደስተኛ/ ድብርተኛ

სქელი / თხელი

ወፍራም/ ቀጭን

პირველი / ბოლოო

መጀመርያ/ መጨረሻ

მეგობარი / მტერი

ጓደኛ/ ጠላት

სრული / ცარიელი

ሙሉ/ ጎዶሎ

მყარი / რბილი

ጠንካራ/ ለስላሳ

მძიმე / მსუბუქი

ከባድ/ ቀላል

მოშიებული / მწყურვალე

ረሃብ/ ጥማት

ავადმყოფი / ჯანმრთელი

ህመም/ ጤንነት

არალეგალური / ლეგალური

ህገወጥ/ ህጋዊ

ინტელექტუალი / სულელი

ጎበዝ/ ደደብ

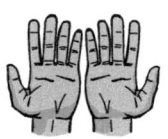

მარცხენა / მარჯვენა

ግራ/ ቀኝ

ახლოს / შორს

ቅርብ/ ሩቅ

ახალი / გამოყენებული

አዲስ/ አሮጌ

არაფერი / რაღაცა

ምንም/ የሆነ ነገር

მოხუცი / ახალგაზრდა

ሽማግሌ/ ጉጣት

ჩართვა / გამორთვა

የበራ/ የጠፋ

ღია / დახურული

ክፍት/ ዝግ

ჩუმი / ხმამაღალი

ፀጥታ/ ጫጫታ

მდიდარი / ღარიბი

ሃብታም/ ደሃ

მართალი / მტყვანი

ትክክለኛ/ የተሳሳተ

უხეში / გლუვი

ሻካራ/ ለስላሳ

სევდიანი / ბედნიერი

ሐዘን/ ደስታ

მოკლე / გრძელი

አጭር/ ረዥም

ნელი / სწრაფი

ዝግተኛ/ ፈጣን

სველი / მშრალი

እርጥብ/ ደረቅ

თბილი / გრილი

ሞቃት/ ቀዝቃዛ

ომი / მშვიდობა

ጦርነት/ ሰላም

რიცხვები
ቁጥሮች

0	1	2
ნული	ერთი	ორი
ዜሮ	አንድ	ሁለት
3	4	5
სამი	ოთხი	ხუთი
ሶስት	አራት	አምስት
6	7	8
ექვსი	შვიდი	რვა
ስድስት	ሰባት	ስምንት
9	10	11
ცხრა	ათი	თერთმეტი
ዘጠኝ	አስር	አስራ አንድ

12

თორმეტი

አስራ ሁለት

13

ცამეტი

አስራ ሶስት

14

თოთხმეტი

አስራ አራት

15

თხუთმეტი

አስራ አምስት

16

თექვსმეტი

አስራ ስድስት

17

ჩვიდმეტი

አስራ ሰባት

18

თვრამეტი

አስራ ሰስምንት

19

ცხრამეტი

አስራ ዘጠኝ

20

ოცი

ሃያ

100

ასი

መቶ

1.000

ათასი

ሽህ

1.000.000

მილიონი

ሚሊዮን

ენები
ቋንቋዎች

ინგლისური

እንግሊዝኛ

ამერიკული ინგლისური

የአሜሪካ እንግሊዝኛ

ჩინური მანდარინი

የቻይና ማንዳሪን

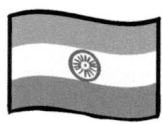

ჰინდი

ሂንዱ

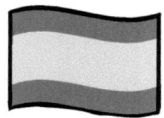

ესპანური

ስፓኒሽ

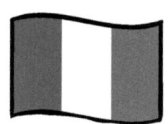

ფრანგული

ፍሬንች

არაბული

አረብኛ

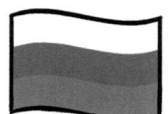

რუსული

ራሺያኛ

პორტუგალიური

ፖርቹጊዝ

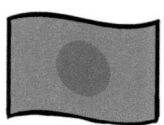

ბენგალური

ቤንጋሊ

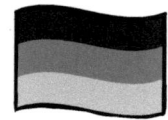

გერმანული

ጀርመን

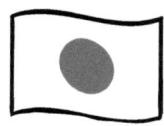

იაპონური

ጃፓንኛ

ვინ / რა / როგორ

ማን/ ምን/ እንዴት

მე

እኔ

შენ

አንተ

ის / ის / იგი

እሱ/ እርሷ/ እቃዉ

ჩვენ

እኛ

თქვენ

አንተ

ისინი

እነርሱ

ვინ?

ማን?

რა?

ምን?

როგორ?

እንዴት?

სად?

የት?

როდის?

መቼ?

სახელი

ስም

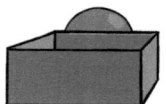

სად

የት

უკან

በስተጀርባ

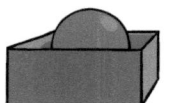

შიგნით

ዉስጥ

წინ

ከፊት ለፊት

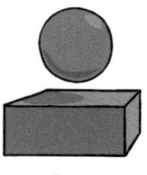

ზედ

ከላይ

=-ზე

ላይ

ქვეშ

ከስር

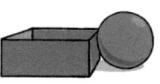

გვერდით

አጠገብ

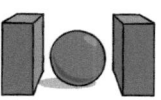

შორის

መሃከል

ადგილი

ቦታ